AF555872

ACIS ET GALATÉE,

PASTORALE HEROIQUE,

REPRÉSENTÉE PAR L'ACADEMIE ROYALE DE MUSIQUE;

Pour la premiere fois, en 1686.
Pour la seconde, en 1704.
Pour la troisiéme, en 1718.
Pour la quatriéme, en 1725.
Pour la cinquiéme, le Jeudy 19. Aoust 1734.

DE L'IMPRIMERIE
De JEAN-BAPTISTE-CHRISTOPHE BALLARD,
Seul Imprimeur du Roy, & de l'Académie Royale de Musique.

M. DCCXXXIV.
AVEC PRIVILEGE DU ROY.
LE PRIX EST DE XXX. SOLS.

ON donne au Public le même Imprimé, qui fut fait en 1686. par exprès Commandement de SA MAJESTÉ.

On y ajoûte seulement les Noms des Acteurs & Actrices qui doivent représenter cette PASTORALE en la presente Année 1734.

On sçait que c'est le dernier Opera de Mr. DE LULLY, & le premier de Mr. CAPISTRON.

Acteurs & Actrices Chantans dans tous les Chœurs du Prologue & de la Pastorale.

CÔTE' DU ROY.		CÔTE' DE LA REINE.	
Mesdemoiselles	*Messieurs*	*Mesdemoiselles*	*Messieurs*
Dun.	Dun-Pere.	Antier-C.	Le Myre.
	St. Martin.		Morand.
Cartou.	Lefebvre.	Thetelette.	Deserre.
	Louette.		
Delorge.	Marcelet.	Charlard.	Plet.
	Deshais.		Thuriée.
Ducoudray.	François.	Lavalée.	Dautrep.
	Duplessis.		Lasalle.
Goussier.	Buseau.	Deshaigles.	Duchesne.
	Combault.		
Marielle.	Bourque.	Gaucher.	Houbault.

ACTEURS CHANTANTS
DU PROLOGUE.

DIANE,	Mlle. Eeremans.
LABONDANCE,	Mlle. Dun.
COMUS,	M^r. Cuvillier.
APOLLON,	M^r. Dumast.
UN SILVAIN,	M^r. Cuignier.
UNE DRIADE,	Mlle. Cartou.

ACTEURS DANSANTS
DU PROLOGUE.

SUITE DE DIANE;

Driades & Silvains;

Mademoiselle Le Breton;

Mesdemoiselles Durocher, Rabon, Carville.
Messieurs Javillier-C., Dupré, Savar.

SUITE DE LABONDANCE;

Mesdemoiselles Favre, Saint-Germain, Binet, Centuray.

Monsieur Javillier-L.;

Messieurs Bontemps, Matignon, Hamoche, Malter-L.

ACTEURS CHANTANTS
DE LA PASTORALE.

ACIS, *Berger, Amant de Galatée,*	Mr. Tribou.
GALATE'E, *Nymphe de la Mer, Fille de Nerée & de Doris,*	Mlle. Lemaure.
POLIPHEME, *Geant, Fils de Neptune, & Amant de Galatée,*	Mr. Chassé.
Suite de Polipheme.	
TELEME, *Berger, Amant de Scylla,*	Mr. Jeliot.
SCYLLA, *Bergere, Amie de Galatée,*	Mlle. Petitpas.
TIRCIS, *Berger, Amant d'Aminte,*	Mr. Dumast.
AMINTE, *Bergere,*	Mlle. Julye.
Chœur de Bergers & de Bergeres.	
LE GRAND PRESTRE DE JUNON.	Mr. Dumast.
Suite du Grand Prestre.	
NEPTUNE,	Mr. Cuignier.
Suite de Neptune.	
DEUX NAYADES,	Mlles. { Eeremans. / Petitpas. }

Chœurs de Dieux Marins, de Fleuves & de Nayades.

ACTEURS DANSANTS
DE LA PASTORALE.

PREMIER ACTE.

BERGERS ET BERGERES;

Messieurs Dangeville, P-Dumoulin, Malter-L., Matignon, Hamoche.

Mademoiselle Camargo;

Mesdemoiselles Petit, Thybert, Rabon, Favre, Saint-Germain.

SECOND ACTE.

SUITE DE POLIPHEME;

Monsieur D-Dumoulin;

Messieurs Matignon, Malter-3me., Bontemps;

Messieurs F-Dumoulin, P-Dumoulin, Dangeville, Hamoche, Javillier-C., Castillon, Dupré, Savar.

TROISIE'ME ACTE.

TRITONS ET NEREIDES;

Monſieur Dupré ;

Meſſieurs Dupré , Malter-C. , P-Dumoulin, F-Dumoulin , Savar.

Meſdemoiſelles Petit , Thybert , Rabon, Carville , Durocher.

ACADEMIE ROYALE DE MUSIQUE
ACIS ET GALATEE

ACIS ET GALATÉE,

PASTORALE HEROIQUE en Musique,

Representée pour la premiere fois dans le Château d'ANET devant Monseigneur le Dauphin,

PAR L'ACADEMIE ROYALE DE MUSIQUE.

A PARIS,

Par CHRISTOPHE BALLARD, seul Imprimeur du Roy pour la Musique, ruë S. Jean de Beauvais, au Mont Parnasse.

ET SE VEND,

la Porte de l'Academie Royale de Musique, ruë S. Honoré.

M. DC. LXXXVI.

Par exprés Commandement de Sa Majesté.

ACTEURS
DU PROLOGUE.

IANE.

Troupe de Driades, de Faunes, & d'autres Divinitez champêtres.

L'ABONDANCE.

COMUS.

Suite de l'Abondance & de Comus.

APOLLON.

PROLOGVE.

LE THEATRE REPRESENTE le Château d'ANET.

DIANE, Chœur de Driades, de Silvains, & d'autres Divinitez Champêtres.

DIANE.

V'avec plaisir je reviens en ces lieux
Que jadis mon sejour rendit si glorieux,
Où regnoient la splendeur & la magnificence! *
Le Fils du plus puissant, du plus juste des Roys
Leur redonne aujourd'huy par sa seule presence
Encore plus d'éclat qu'ils n'eurent autrefois.

UNE DRIADE.

Depuis le jour que sur vôtre promesse
Nous nous sommes flatez de le voir en ces lieux,

* Le Château d'Anet a été bâty pour Diane de Poitiers, On y voit par tout des devises & des peintures à l'honneur de Diane.

ACIS & GALATÉE,

Les Driades mes Sœurs, & tous ces autres Dieux,
Aprés ce doux moment ont soupiré sans cesse.

UN SILVAIN.

Nous avons preparé pour luy
Les fêtes, les concerts que l'allegresse inspire;
Que le sombre chagrin, que le funeste ennuy
De cét heureux sejour pour jamais se retire!
Que les plaisirs en foule y viennent aujourd'huy.

DIANE.

Suivez les mouvemens de vôtre ardeur fidelle;
Commencez vos concerts,
Que le bruit de vos chants resonne dans les airs!
Heureux! si le succés répond à vôtre zele!

Le Chœur.

Suivons les mouvemens de nôtre ardeur fidelle,
Commençons nos concerts,
Que le bruit de nos chants resonne dans les airs!
Heureux! si le succés répond à nôtre zele!

L'ABONDANCE, COMUS,
Suite de l'Abondance & de Comus.

L'ABONDANCE.

Dans les jours de réjoüissance
J'ay toûjours le premier employ;

PROLOGUE.

Vous seriez-vous flatez de la vaine esperance
De pouvoir vous passer de moy?
Que seriez-vous sans l'Abondance?

COMUS.

A mon visage, à ma Suite ordinaire
Reconnoissez Comus Dieu des Festins,
Dont la presence à vos desseins
Est aujourd'huy si necessaire.

Que vous sert d'assembler au gré de vos desirs
Tous les Jeux & tous les Plaisirs?
Si vous n'avez ceux de la table
Tous les cœurs seront mécontens,
La fête la plus agreable
Sans moy ne peut durer long-temps.

DIANE, L'ABONDANCE, COMUS.

Unissons nos efforts, & qu'une ardeur si belle
Sans cesse se renouvelle.

Le Chœur.

Unissons nos efforts, & qu'une ardeur si belle
Sans cesse se renouvelle.

ACIS & GALATE'E,

Apollon paroît en l'air ſur un nuage.

APOLLON.

Apollon en ce jour approuve vòtre zele
Pour un Prince charmant,
Et vient joindre aux plaiſirs d'une fête ſi belle
D'un Spectacle nouveau le doux amuſement.

Au plus grand des Heros j'ay toûjours ſoin de plaire;
Eh! que puis-je mieux faire
Que de vous ſeconder par des chants deſtinez
A divertir un Fils qu'il aime?
Puiſſent ces mêmes chants un jour plus fortunez
Le divertir encor luy-même!

Digne Fils de ce Conquerant,
Que ne quittent jamais Minerve & la Victoire,
Tu vois par les reſpects que l'Univers luy rend
Le prix de ſes travaux, & l'éclat de ſa gloire:
Tu vois ſes Ennemis à ſes pieds abbatus,
Tu joüis des exploits de ſa main triomphante,
Tâche de l'imiter; Sans ceſſe il te preſente
Un exemple parfait de toutes les Vertus.

Vous, habitans de ce ſejour aimable,
Redoublez vòtre empreſſement,
Gardez-vous de perdre un moment
D'un temps ſi favorable.

PROLOGUE.

COMUS.

Appollon flate nos vœux,
D'un succés heureux,
Nous connoissons sa puissance,
Il remplira nôtre esperance.

Le Chœur.

Apollon flatte nos vœux
D'un succés heureux,
Nous connoissons sa puissance,
Il remplira nôtre esperance.

FIN DU PROLOGUE.

ACTEURS.

ACIS, *Berger Amant de Galatée.*

GALATE'E, *Nimphe de la mer, fille de Nerée & de Doris.*

POLIPHEME, *Geant fils de Neptune & Amant de Galatée.*

Suite de Polipheme.

TELEME, *Berger Amant de Scylla.*

SCYLLA, *Bergere amie de Galatée.*

TIRCIS, *Berger Amant d'Aminte.*

AMINTE, *Bergere.*

Chœur de Bergers & de Bergeres.

Un Prêtre de Junon.

Suite du Prêtre de Junon.

NEPTUNE.

Suite de Neptune.

Chœur de Dieux Marins, de Fleuves & de Nayades.

ACIS

ACIS.

Pouvez-vous comparer vos maux à mes malheurs?
Ie suis mortel: I'adore une Déesse,
Quelle source pour moy d'éternelles douleurs!
Ie n'ose qu'en tremblant exprimer ma tendresse,
Et souvent en secret je devore mes pleurs.

TELEME.

Acis détrompez-vous,
Esperez un destin plus doux,
Vous ne pousserez point de soûpirs inutiles,
Aprés vos longs chagrins, la joye aura son tour,
Les Deesses en amour
Ne sont pas les plus difficiles.

Helas! que n'en est-il de même
Du malheureux Teleme?

La charmante Scylla, l'honneur de nos Hameaux,
Me fait gémir sous le poids de sa chaîne,
Et la rigueur de l'inhumaine
Change en hyvers tous mes jours les plus beaux...

ACIS.

Que d'un cœur méprisé l'estat est déplorable?

TELEME.

Qu'une ingrate Beauté fait souffrir sous sa loy?

ACTE PREMIER.

SCENE PREMIERE.

ACIS seul.

C'EST en vain qu'en ces lieux j'ay devancé
l'Aurore,
Helas! je n'y vois point la Beauté que j'adore;
La Mer qui la cache à mes yeux,
Se plaist à renfermer ce thresor precieux.
Je fais par tout voler le nom de Galatée,
Ie le repete mille fois,
Ie l'apprens aux Echos, aux Oyseaux de ces Bois,
Loin de moy cependant trop long-temps arrétée
Seule elle semble icy méconnoistre ma voix.

SCENE SECONDE.

ACIS, TELEME.

TELEME.

VOus n'estes pas le seul de qui la voix plaintive
Se fait entendre en ces lieux chaque jour,
Une Beauté cruelle, un malheureux amour,
M'ameine aussi sur cette rive.

ACIS ET GALATÉE,

PASTORALE Heroïque.

LE THEATRE REPRESENTE le Rivage de la Mer de Sicile, dans l'endroit le plus agreable de l'Isle. La Terre y paroist ornée de toutes sortes de fleurs: On y voit aussi quelques Bois d'une verdure charmante.

ACIS, TELEME.

Ah! je succombe au tourment qui m'accable,
Peut-on sans esperance aimer autant que moy?

TELEME.

Vous attendez icy l'Objet qui vous engage,
Vous le verrez bientost paroitre sur ces bords,
Je vais chercher Scylla dans le prochain boccage,
J'ay deja trop contraint ma flâme & mes transports.

SCENE TROISIE'ME.

ACIS seul.

FAudra-t'il encor vous attendre
Fiere Beauté qui regnez dans mon cœur?
Venez par un regard soulager ma langueur,
Songez que d'un moment mes jours peuvêt dépendre.

Mes cris ne sçauroient vous toucher?
Si le recit de ma peine,
Si ma mort presque certaine
Du fond des flots ne peut vous arracher,
Venez joüir du moins sur ce rivage
De tout ce que la Terre a de charmans appas.
Les fleurs y naîtront sous vos pas,
Jamais leur riche émail n'éclata davantage.

Vous ne paroissez point? qui peut vous retenir?
Peut-estre quelque Dieu de la Cour de Neptune
Cause-t'il seul mon infortune?
Ah! ce seroit trop me punir:
Dieux! mais mon trouble cesse, & je la voy venir.

Galatée sort de la Mer.

SCENE QVATRIE'ME.

ACIS, GALATEE'

GALATE'E.

I'Ay crû trouver icy la Nymphe qui m'est chere,
Ie vais luy reprocher son peu d'empressement.

ACIS.

Sans cette Nymphe helas! ce rivage charmant
N'a-t'il rien qui puisse vous plaire?

GALATE'E.

Ie suis sensible aux charmes de ces lieux,
Mais ma joye eût esté plus grande,
Si ce rivage eût offert à mes yeux
La Nymphe que je demande.

ACIS.

Ah! si vous connoissez par la seule amitié
Les ennuis que l'absence cause,
N'aurez-vous point quelque pitié
Des tourmens où l'Amour m'expose?

GALATE'E.

Finissez ce discours: Ne pouvez vous parler
Que de vostre tendresse?

ACIS.

Helas! un seul moment peut-on dissimuler
Des peines qu'on souffre sans cesse?
Pourquoy me voulez-vous forcer à vous celer
La douleur qui me presse?
Cherchez-vous a la redoubler?

GALATE'E.

A regret je vous entends plaindre
D'un mal que je ne puis guerir,
Etouffez un amour qui vous fait trop souffrir,
Vous n'aurez plus à vous contraindre.

ACIS.

Ah! vous me haïssez, je n'en sçaurois douter,
Par cét ordre crüel vostre haine s'explique.

GALATE'E.

Suspendez vos regrets pour me laisser goûter
L'heureuse paix de ce sejour rustique;

J'y viens avec plaisir, tout y charme mes yeux,
J'y vois les champs parez de mille fleurs que j'aime,
Enfin le doux penchant qui m'attire en ces lieux
L'emporte sur l'horreur extrême
D'y rencontrer un Geant odieux.

SCENE CINQUIE'ME.

ACIS, GALATE'E, SCYLLA, TELEME.

SCYLLA.

QVoy! m'arrêterez-vous en dépit de moy-même?

TELEME.

Que me servent ces soins que mon cœur prend pour vous?
Mon sort en est-il plus doux?
Helas! plus je vous aime,
Plus mon amour aigrit vôtre courroux.

ACIS.

O Ciel! quel destin est le nôtre?

TELEME.

Quel est le succés de nos vœux?

ACIS, TELEME.

Serons-nous toûjours l'un & l'autre
Les plus tendres Amants & les plus malheureux?

GALATE'E.

Ah! qu'un Amant dont la plainte
Nous cause trop de contrainte
Sçait peu l'art de nous charmer!
Loin de plaire, il embarrasse,
Et ne sçauroit quoy qu'il fasse,
Nous engager à l'aymer.

SCYLLA.

Un Amant que l'on dédaigne,
Doit causer peu d'embarras,
Et qu'importe qu'il se plaigne,
Si l'on ne l'écoute pas?

L'on entend un Concert de Flûtes.

SCYLLA.

Mais quels concerts se font entendre?

GALATE'E.

Qu'elle troupe paroît, & s'approche de nous?

ACIS.

Ce sont des Cœurs unis par l'amour le plus tendre,
Des cœurs libres de soins & de soupçons jaloux;
Tous leurs jours sont charmants, tous leurs momens sont doux,

Escoutés

Ecoutés leurs chansons, & vous pourrez apprendre
Si leurs plaisirs n'ont rien d'agreable pour vous.

SCENE SIXIE'ME.

ACIS, GALATE'E, TELEME, SCYLLA, AMINTE, TIRCIS. Troupe de Bergers & de Bergeres.

TIRSIS, AMINTE.

QVe l'amour qui nous enchaîne
Flate nos tendres desirs!

CHOEUR.

Goûtons les plus doux plaisirs,
Ils viennent s'offrir sans peine,
Et pour payer nos soûpirs
Chaque jour nous les raméne.

TIRCIS, AMINTE.

Que l'Amour qui nous enchaîne
Flate nos tendres desirs!

TIRCIS.

Que mon cœur est charmé!

AMINTE.

Que mon ame est contente!

TIRCIS.

Je ne puis exprimer la douceur qui m'enchante.

AMINTE.

Sans l'ardeur de nos feux
Serions-nous heureux?

TIRCIS, AMINTE.

Redoublons sans cesse
Nôtre tendresse.

LE CHOEUR.

Redoublons sans cesse
Nôtre tendresse.

AMINTE.

Former les mêmes desirs,
Vivre l'un pour l'autre,
Sentir de nouveaux plaisirs,
Voila quel sort est le nôtre.

TIRCIS.

L'amour dans ces beaux lieux nous a tous rassemblez,
Celebrons les faveurs dont il nous a comblez.

LE CHOEUR.

L'amour dans ces beaux lieux nous a tous rassemblez,
Celebrons les faveurs dont il nous a comblez.

AMINTE.

Que les plus galantes Fêtes
Parmy nous soient toujours prêtes!
Qu'au bruit de nos chansons la plus fiere beauté
Ne puisse un seul moment garder sa liberté.

LE CHOEUR.

Que les plus galantes Fêtes
Parmy nous soient toujours prêtes!
Qu'au bruit de nos chansons la plus fiere beauté
Ne puisse un seul moment garder sa liberté.

Les Concerts des Bergers sont interrompus par un bruit barbare.

SCYLLA.

Le fiere Poliphéme s'avance,
Bergers, éloignez-vous,
C'est assez de sa presence
Pour changer en chagrins vos plaisirs les plus doux.

SCENE SEPTIE'ME.

POLIPHE'ME seul.

IE regarde par tout, & ma recherche est vaine,
Ces Nymphes, ces Bergers que sont-ils devenus?

Se peut-il qu'en ces lieux je ne les trouve plus?
Le soin de m'éviter dans ces bois les entraîne?
Où pretendent-ils se cacher ?
Connoissent-ils bien Poliphéme?
Est-il quelque antre affreux où ma fureur extréme
Ne les aille chercher?
Allons, courons punir leur fuite.
Mais je vois Galatée, & mon ame interdite
Perd toute sa fureur:
Je me sens agité de trouble & de terreur.

SCENE HUITIE'ME.

POLIPHEME, GALATE'E.

POLIPHEME.

QUe tardons-nous? parlons de l'ardeur qui m'anime,
Est-ce à moy de trembler?
Si d'un crüel amour je deviens la victime,
Qui pourroit me contraindre à le dissimuler?

Vous voyez, charmante Déesse
Un Amant que vos yeux ont soûmis à vos loix,

J'ignorois le pouvoir de ce Dieu qui me blesse,
Je l'éprouve aujourd'huy pour la premiere fois.

GALATE'E.

Que dites-vous? puis-je vous croire?
Je vous fais connoitre l'Amour?

POLIPHEME.

Peut-être avant la fin du jour,
Vous applaudirez-vous d'une telle victoire?

Tout ce que vous voyez reconnoit mon pouvoir,
Le Dieu des Eaux m'a donné la naissance,
Si vous y consentez je puis vous faire voir
Mes richesses & ma puissance:
Je veux que tous les cœurs qui vivent sous ma loy
Viennent vous rendre hommage,
Leur zele parlera pour moy.

Approuvez-vous ces soins où mon amour m'engage?

GALATE'E.

Je ne condamne point ce dessein genereux.

POLIPHEME.

Je suis au comble de mes vœux,
Je vais tout preparer pour cette grande Fête.
Vous connoitrez bien-tost qu'elle est votre conquête.

GALATÉE seule.

Enfin j'ay calmé sa fureur,
Des cœurs qu'il a troublez dissipons la terreur.

FIN DU PREMIER ACTE.

ACTE SECOND.

Le Theatre change, & represente une Campagne moins ornée que la premiere, les Bois qu'on y voit sont remplis des troupeaux des Bergers de l'Isle, & de ceux de Polipheme.

SCENE PREMIERE.

ACIS, GALATÉE.

ACIS.

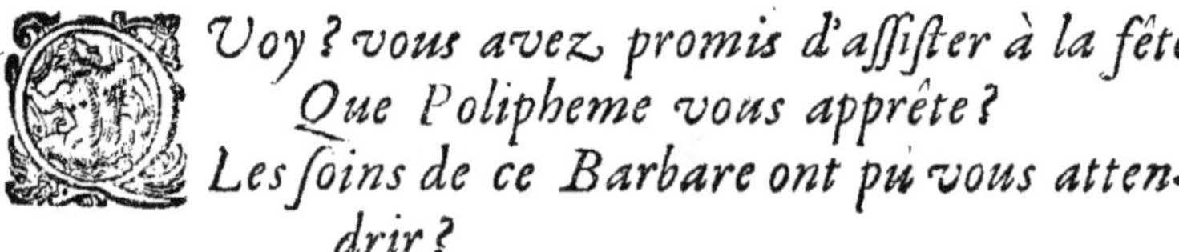

Voy? vous avez promis d'assister à la fête
Que Polipheme vous apprête?
Les soins de ce Barbare ont pû vous attendrir?

Dans ſes projets vôtre bonté le flate?
C'en eſt donc fait, ingrate,
Vous me condamnez à mourir.

CALATE'E.

Quel reproche oſez-vous me faire?

ACIS.

Non, non, je ne puis plus me taire;
Attendez-vous de voir
Les plus ſanglants effets d'un mortel deſeſpoir.

GALATE'E.

Quoy? que voulez-vous entreprendre?

ACIS.

Pourquoy cherchez-vous à l'apprendre?
Si vous ne m'aimez pas,
Que vous peut importer ma vie ou mon trêpas?

GALATE'E.

Sans que pour vous l'amour me ſollicite,
Je puis ſouhaiter d'être inſtruite
De vos deſſeins ſecrets.

ACIS.

Eh bien, apprenez donc que ma mort eſt certaine,
Vous ne joüirez plus de mes tendres regrets,
En terminant mes jours, je finiray ma peine.

Je

Je braveray le Geant furieux
Qui me ravit tout ce que j'aime,
J'iray troubler ses Jeux, & l'attaquer luy-même,
Content de succomber sous sa fureur extrême,
Et de verser tout mon sang à vos yeux.

Ecoutez mes tristes adieux;
Je vous laisse, je pars, je cours à mon supplice,
Ce n'est que pour la mort que je forme des vœux,
Agréez seulement ce dernier sacrifice
D'un cœur toûjours fidele, & toujours malheureux.

GALATE'E.

Il me quitte, arrestez, Acis, je vous l'ordonne,
Je ne puis soûtenir le trouble où je vous voy,
Contre un si tendre amour ma fierté m'abandonne,
Et ma foible raison ne répond plus de moy.

ACIS.

Qu'entens-je? vôtre cœur dans mon sort s'interesse?

GALATE'E.

Vous n'avez point perdu vos soins,
Je vous ay fait voir ma foiblesse,
Vos yeux en ont été de fidelles témoins.

Joüissez de mon trouble & de vôtre victoire,
Je ne veux point vous en ravir la gloire,

Connoissez le bon-heur qui vous est preparé,
Je l'ay rendu plus doux quand je l'ay differé.

ACIS.

Mais puisque vous vouliez couronner ma tendresse,
Falloit-il du Ciclope approuver les desirs?

GALATÉE.

Je craignois pour vos jours sa fureur vangeresse;
Je voulois à ses yeux dérober nos soupirs
Par une agreable promesse.

ACIS.

Immortels habitans des Cieux!
Dans les transports de mon ame ravie
Je puis regarder sans envie
Vôtre sort glorieux.

Aimer, d'un doux succés voir sa flamme suivie,
N'est-ce pas un plaisir reservé pour les Dieux?

SCENE SECONDE.

ACIS, GALATE'E, TELEME, SCYLLA.

GALATE'E.

DE mon fidele Amant j'ay remply l'esperance;
Mon cœur répond à ses desirs ;
De ce tendre Berger couronnez la constance,
Ne luy refusez plus le prix de ses soûpirs.

ACIS.

Suivez l'exemple qu'on vous donne,
Une Déesse à l'amour s'abandonne,
Son cœur ne peut plus resister ;
Que peut mieux faire
Une Bergere
Que de l'imiter?

TELEME.

Vous deffendrez-vous encore
Contre un Amant qui vous adore?
Et dans un jour au bonheur destiné,
Seray-je seul infortuné?

SCYLLA.

En vain vous pretendez inspirer à mon ame
Le desir de s'enflammer ;
L'exemple & les conseils nous forcent-ils d'aimer ?
Par son propre penchãt il faut qu'un cœur s'enflamme.

Vous l'avez entendu cent fois,
Je suis l'amour, je méprise ses loix,
Quittez une entreprise vaine ;
Vos soûpirs importuns me pourroient engager
A redoubler vôtre peine
Plûtost qu'à la soulager.

TELEME.

C'en est trop ! vos mépris étouffent ma tendresse,
Je sens le calme heureux de ma premiere paix,
Et je dois rougir désormais
D'avoir montré tant de foiblesse.

Cependant redoutez la vengeance des Dieux,
Ils me font pressentir le sort qui vous menace,
Ils éteindront ce feu qui brille dans vos yeux,
Ils rendront vos attraits sans douceur & sans grace ;

Que dis-je ? ils changeront ces riches dons des Cieux
En des marques de leur colere,
Et vous serez un jour par ce retour severe
L'objet le plus funeste & le plus odieux.

SCENE TROISIESME.

ACIS, GALATÉE, SCYLLA.

SCYLLA.

Quelque fureur qui l'inspire
Il ne sçauroit m'allarmer,
Je crains moins les malheurs qu'il vient de me predire,
Que le peril d'aimer.

GALATÉE.

Je ne puis approuver cette fierté rebelle
Qui flate vôtre vanité;
Vne extréme cruauté
Pour un Amant fidelle
Est toûjours criminelle.

SCYLLA.

Vous aimez tendrement, je deteste l'amour,
Et déja ma fierté commence à vous déplaire;
Je me bannis de vôtre Cour.
Pour éviter vôtre colere.

SCENE QVATRIESME.

ACIS, GALATE'E.

QVelle erreur loin de nous precipite ses pas!
Dieux! qu'un vain orgueil l'abuse!
L'insensible ne connoît pas
Les plaisirs qu'elle refuse.

ACIS.

N'assûrerez-vous point ma gloire & mon bonheur?
Aprés le Don de vôtre cœur
Auray-je encor des vœux à faire?

GALATE'E.

Je puis donner ma foy par l'aveu de mon pere,
Je l'ay sur vôtre amour dés long-tems pressenty,
A vos desirs Nerée a consenty.

Le Temple de Junon nous offre un seur azile,
Nous y serons en liberté,
Il est bâty dans l'endroit de cette Isle
Le plus inaccessible & le moins frequenté;
Allez y preparer l'encens & les victimes
Dignes de consacrer nos ardeurs legitimes,

J'auray soin de m'y rendre avant la fin du jour,
J'y conduiray l'Hymenée & l'Amour.

SCENE CINQVIESME.

GALATE'E seule.

QV'une injuste fierté nous cause de contrainte,
Et tyrannise nos desirs!
Tandis qu'à mon Amant j'ay caché mes soûpirs,
J'ay souffert mille maux dans cette longue feinte,
A peine mon amour s'est expliqué sans crainte,
Que j'ay senty mille plaisirs;
Qu'une injuste fierté nous cause de contrainte,
Et tyrannise nos desirs!

Doux transports d'une ame contente
Que vous êtes charmans!
Mais je voy le Ciclope, il prévient mon attente,
Contraignons-nous quelques momens.

SCENE SIXIESME.

GALATE'E, POLIPHEME,
Suite de Polipheme.

POLIPHEME.

QU'à l'envy chacun se presse
De me suivre dans ces lieux!
Pour un cœur que l'amour blesse
Les momens sont precieux,
Preparez à ma Déesse
Un triomphe glorieux;
Hâtez-vous, il faut sans cesse
Rendre hommage à ses beaux yeux.
Qu'à l'envy chacun se presse
De me suivre dans ces lieux!

Le Chœur.

Qu'à l'envy chacun se presse
De vous suivre dans ces lieux!
Pour un cœur que l'amour blesse
Les momens sont precieux,
Preparons à la Déesse
Un triomphe glorieux;

Hatons-

Hatons-nous, il faut ſans ceſſe
Rendre hommage à ſes beaux yeux.
Qu'à l'envy chacun ſe preſſe
De vous ſuivre dans ces lieux!

POLIPHEME.

Connoy, puiſſant Amour, ta derniere victoire,
Ce triomphe ſuffit pour te combler de gloire,
Tu ranges ſous tes loix un cœur audacieux,
Qui mépriſe la foudre & brave tous les Dieux.

Le Chœur.

O vous! adorable Immortelle,
Ecoutez favorablement
Les vœux de vôtre Amant,
Vous ne ferez jamais de conquête ſi belle;
Plus un cœur eſt loin d'aimer,
Plus il eſt beau de l'enflammer.

POLIPHEME.

Je ſuis content de voſtre Zele,
A mes yeux vos tranſports ont aſſez éclaté;
Voyons s'ils ont ſceu plaire à ma divinité,
Qu'on me laiſſe ſeul avec elle.

SCENE SEPTIESME.

POLIPHEME, GALATE'E.

POLIPHEME.

CHaque moment me tuë, & redouble mes feux,
Je ne puis plus souffrir l'ardeur qui me devore,
Hatez-vous de me rendre heureux,
Voulez-vous accabler un cœur qui vous adore?

GALATE'E.

Le seul Nerée a droit de disposer de moy,
Jamais à ses desirs mon cœur ne fut contraire,
Peut-on sans son aveu me demander ma foy?
Allez: Et pour l'hymen que vôtre amour espere,
Meritez le choix de mon pere.

POLIPHEME.

Oüy j'obtiendray l'aveu charmant
Qui seul peut assurer le repos de ma vie,
Ma demande sera suivie
D'un prompt consentement.

Pour hater mon bonheur je vais tout entreprendre,
Vôtre Pere connoît ma force & mon pouvoir,
Et sçait trop ce qu'on doit attendre
D'un Amant tel que moy reduit au desespoir.

FIN DU SECOND ACTE.

ACTE TROISIÉME.

Le Theatre change, & represente un petit espace de terre aride & deserte; cét espace est bordé par des Montagnes d'une hauteur prodigieuse, dont la principale est le Mont Æthna; on voit à côté un petit Temple consacré à Junon: La Mer paroît dans l'éloignement.

SCENE PREMIERE.

Le Prêtre de Junon, & sa Suite.

Le Prêtre de Junon.

Vous qui dans ces lieux solitaires
Celebrez avec moy Junon & ses mysteres,
Ministres de son Temple, & favoris des Cieux,
Qui faites vos plaisirs du service des Dieux

Preparez les fleurs les plus belles,
Et l'encens le plus precieux,
Vous verrez bien tôt en ces lieux
Arriver deux Amants fideles,
Ils sont dignes des soins que vous prendrez pour eux,
L'Hymenée & l'Amour veulent qu'ils soiẽt heureux.

LE CHOEUR.

Puissent-ils prés de nous trouver un sûr azile!
Daigne le juste Ciel favoriser leurs vœux!
Puissent-ils voir croître leurs feux
Dans un Hymen doux & tranquile.

LE PRESTRE.

Qu'ils forment chaque jour mille nouveaux desirs!
Que l'Amour seul ait soin de regler leurs plaisirs!

LE CHOEUR.

Puissent-ils prés de nous trouver un sûr azile!
Daigne le juste Ciel favoriser leurs vœux!
Puissent ils voir croître leurs feux
Dans un Hymen doux & tranquile!

SCENE SECONDE.

ACIS, GALATE'E. LE PRESTRE, & sa Suite.

LE PRESTRE.

LEs voicy ces tendres Amans,
Dans leur impatience ils comptent les momens,
Avançons vers le Temple, & par un sacrifice
Interessons Iunon à leur estre propice.

SCENE TROISIE'ME.

ACIS, GALATE'E, LE PRESTRE, & sa Suite, Polipheme sur le haut d'un Rocher.

POLIPHEME.

QUe voy-je? quel objet pour un Amant jaloux?
L'Ingrate Galatée, & le Berger qu'elle aime?
Tu mourras temeraire, & Jupiter luy-même
Ne sçauroit dérober ta teste à mon courroux.

LE CHOEUR.

Le Ciclope menasse! O Ciel protege-nous!
Sers-toy pour nous sauver de ton pouvoir suprême.

SCENE QVATRIE'ME.

ACIS, GALATE'E.

GALATE'E.

FVïons sa violence extrême
Heureux de pouvoir l'éviter.

ACIS.

Vous me quittez? helas! n'osez-vous arrester?

GALATE'E.

Fuïez Acis, s'il est possible,
Où vostre perte est infaillible.

ACIS.

Mourant pour vos beaux yeux, je ne crains point la [mort.
Où puis-je la trouver plus belle?
Dois-je enfin me plaindre du sort
Si je meurs heureux & fidelle?

SCENE CINQVIE'ME.

POLIPHEME seul.

Qvel chemin ont-ils pris ces Amans trop heureux?
Sans doute Jupiter s'interesse pour eux.
Qu'il se montre, ce Dieu que l'Univers revere,
C'est un objet digne de ma colere.
Je l'attends: Mais il craint de paroistre à mes yeux,
Et croit braver ma rage enfermé dans les Cieux;
J'y monteray malgré l'effort de son tonnerre,
J'entasseray ces monts pour aller jusqu'à luy,
Et feray plus trembler tout l'Olimpe aujourd'huy
Que ne firent jadis les enfans de la terre.

Mais commençons d'exercer mon couroux
Sur un rival que je deteste,
Qu'il soit aneanty par un seul de mes coups,
Que sa mort soit enfin si triste & si funeste,
Que de tout son bonheur je ne sois plus jaloux!

SCENE SIXIE'ME.

ACIS, GALATE'E, POLIPHEME.

GALATE'E.

ALlez, éloignez-vous, faut-il vous le redire?

Galatée se plonge dans la Mer.

ACIS.

Vous me fuyez? par où l'ay-je donc merité?

POLIPHEME.

Traistre reçoy le prix de ta temerité.

Polipheme écrase Acis avec un Rocher.

ACIS.

Déesse c'en est fait, je vous perds, & j'expire.

SCENE SEPTIE'ME.

POLIPHEME seul.

IL est mort l'insolent! j'ay trompé son attente,
Ie suis content puisque je suis vangé,
Ah quel plaisir pour un cœur outragé
Qu'une vengeance sanglante!

Et toy Déesse perfide
Pleure l'indigne Amant que tu m'as preferé;
Ma tendresse a fait place au transport qui me guide,
I'ay repoussé les traits dont j'étois penetré.

Publions par tout ma victoire,
Elle aßûre à la fois mon repos & ma gloire,
J'immole dans le même jour
Mon rival & mon amour.

SCENE HUITIE'ME.

GALATE'E seule.

Galatée sort de la Mer.

ENfin j'ay dissipé la crainte
Qui m'arrêtoit au fond des flots,
Ie voy regner icy le calme & le repos,
Ma flame desormais ne sera plus contrainte.
Cherchons seulement
Le Berger charmant
Que mon cœur adore,
Helas! il ne vient point encore.

Acis, mon cher Acis, en quels lieux êtes-vous?
Revenez prés de moy, tout est icy tranquille;
Vous n'avez plus besoin d'azile
Contre un injuste couroux.

Quoy? tu ne répons point à ma voix qui t'appelle?
Ie commence à sentir une peine mortelle
De ton éloignement;
Revien, mon cher Acis? Dois-tu perdre un moment?

Mais qu'elle terreur ſecrete
M'allarme & m'inquiete?
Quelle image grands Dieux! vient fraper mon eſprit?
Ie tremble, quel objet à mes yeux ſe preſente?
Les Rochers renverſez, & la Terre ſanglante
M'aßûrent le malheur que mon cœur m'a prédit.

Que ne puis-je expirer aprés ce coup funeſte?
Mon amour à jamais ſera couler mes pleurs,
Heureux mortels! dans de pareils malheurs
L'eſpoir de la mort vous reſte.

Fut-il jamais un deſtin plus affreux?
Quel cœur a reſſenty la douleur qui me preſſe?
Ie perds l'objet de ma tendreſſe
Quand nous ſommes prés d'être heureux.

Faut-il encor pour croître mon ſupplice
Que de ſa mort je ſois complice?
I'ay pû l'abandonner dans ce preſſant danger?
Quand ſon amour faiſoit éclater ſon courage
Ah! je ne puis y ſonger,
Sans fremir de honte & de rage,
Songeons du moins à le vanger.

Poursuivons le Geant, invoquons les Furies,
Qu'il ne puisse trouver d'azile ni d'appuy!
Qu'elles exercent sur luy
Toutes leurs barbaries!
Mais ce cruel chastiment
Me rendra-t'il mon Amant?
Pour soulager ma peine extrême
Il faut me rendre ce que j'aime.

Puissantes Divinitez,
Genereuse Thetis, favorable Neptune!
Si jusqu'à vous mes soûpirs sont portez
Faites cesser mon infortune,
R'animez mon Amant, redonnez-luy le jour,
Et s'il se peut encor augmentez son amour.

SCENE NEUFIE'ME.

NEPTUNE sortant de la Mer, GALATE'E.

NEPTUNE.

IE sors de mes grotes profondes,
Tes cris ont penetré jusques au fond des Ondes,
Tes maux par mon secours seront bien-tôt finis,
Ie viens pour reparer le crime de mon fils.

Vous que la Loy du sort soûmet à ma puissance
Dieux! qui suivez ma cour;
Paroissez sur les Eaux, honnorez ce grand jour
De vostre auguste presence.

SCENE DIXIE'ME.

NEPTUNE, GALATE'E.
Toutes les Divinitez de la Mer, Troupe de Fleuves, & de Nayades.

CHOEUR DE DIVINITEZ.

Nous accourons au seul bruit de ta voix,
Nôtre plus doux plaisir est de suivre tes loix.

NEPTUNE.

Ma fille, le destin répond à ta priere.
Vivez, Acis, vivez, revoyez la lumiere
Mais vivez desormais
Pour ne mourir jamais.

Le Chœur.

Acis, vivez desormais
Pour ne mourir jamais.

NEPTUNE.

Que vôtre sang se change & devienne une eau pure
Dont l'agreable murmure
Fasse naître dans tous les cœurs
D'innocentes ardeurs!

SCENE ONZIE'ME.

NEPTUNE, ACIS changé en Fleuve, GALATE'E, les Divinitez de la Mer, Fleuves, Nayades.

GALATE'E.

CHer Acis?

ACIS.

Galatée?

ACIS, GALATE'E.

Il m'eſt permis encore
De revoir ce que j'adore.

NEPTUNE.

Joüiſſez des biens éternels
Qui ſont faits pour les immortels.

Vous Fleuves amoureux, vous Naïades charmantes,
Venez de ces Amans redoubler les plaiſirs,
Venez animer leurs deſirs
Par les chanſons les plus touchantes.

UNE NAYADE.

Sous ſes loix l'Amour veut qu'on joüiſſe
D'un bonheur qui jamais ne finiſſe.

Tendres cœurs venez tous
En joüir avec nous.

LE CHOEUR.

Sous ses loix l'Amour veut qu'on joüisse
D'un bonheur qui jamais ne finisse,
Tendres cœurs venez tous
En joüir avec nous.

DEUX NAYADES.

Vous qui croyez l'amour une foiblesse,
Ne venez point troubler nôtre innocente paix.
Ce n'est point pour des cœurs sans tendresse
Que nos chants amoureux & nos plaisirs sont faits.

UNE NAYADE.

Tendres cœurs conservez l'esperance,
C'est en vain qu'on vous fait resistance,
Qu'on s'arme de rigueur, de haine & de couroux;
Que ne vaincrez-vous point si l'Amour est pour vous?

LE CHOEUR.

Tendres cœurs conservez l'esperance,
C'est en vain qu'on vous fait resistance,
Qu'on s'arme de rigueur, de haine & de couroux;
Que ne vaincrez-vous point si l'Amour est pour vous?

UNE NAYADE.

Desormais on doit aimer sans crainte,
De quoy sert une injuste contrainte?
Beautez à qui le Ciel a donné mille appas
L'Amour vous punira de n'en profiter pas.

Le Chœur repete ces deux derniers Vers.

LE CHOEUR.

Sous ses loix l'Amour veut qu'on joüisse
D'un bonheur qui jamais ne finisse.
Tendres cœurs venez tous
En joüir avec nous.

FIN DU TROISIESME ET DERNIER ACTE.

P

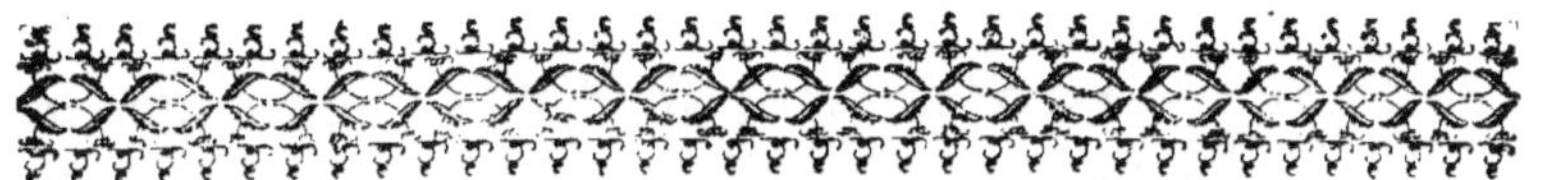

PERMISSION,

POUR TENIR ACADEMIE ROYALE de Musique, en faveur du Sieur de Lully.

OUIS PAR LA GRACE DE DIEU ROY DE FRANCE ET DE NAVARRE: A tous presens & à venir, SALUT. Les Sciences & les Arts étant les ornemens les plus considerables des Estats, Nous n'avons point eû de plus agreables Divertissemens, depuis que nous avons donné la Paix à nos Peuples, que de les faire revivre, en appellant prés de Nous tous ceux qui se sont acquis la reputation d'y exceller, non-seulement dans l'étenduë de nôtre Royaume, mais aussi dans les Pais Etrangers; & pour les obliger davantage de s'y perfectionner, Nous les avons honorez des des marques de nôtre estime & de nôtre bien-veillance: Et comme entre les Arts Liberaux la Musique y tient un des premiers rangs, Nous aurions dans le dessein de la faire réüssir avec tous ses avantages, par nos Lettres Patentes du 28. Juin 1669. accordé au Sieur Perrin une Permission d'établir à nôtre bonne Ville de Paris, & autres de nôtre Royaume, des Academies de Musique pour chanter en public des Pieces de Theatre, comme il se pratique en Italie, en Allemagne & en Angleterre, pendant l'espace de douze années: Mais ayant esté depuis informé que les peines & les soins que ledit Sieur Perrin a pris pour cét établissement n'ont pû seconder pleinement nôtre intention, & élever la Musique au point que Nous nous l'étions promis; Nous avons crû pour mieux y réüssir, qu'il étoit à propos d'en donner la conduite à une personne dont l'experience & la capacité Nous fussent connuës, & qui eût assez de suffisance pour fournir des Esleves, tant pour bien chanter & actionner sur le Theatre, qu'à dresser des bandes de Violons, Flûtes & autres Instrumens. A CES CAUSES, bien informez de l'intelligence & grande connoissance que s'est acquis nôtre cher & bien-amé Jean-Baptiste Lully au fait de la Musique, dont il Nous a donné & donne journellement de tres-agreables preuves depuis plusieurs années qu'il s'est attaché à nôtre service, qui Nous ont convié de l'honorer de la Charge de Sur-Intendant & Compositeur de la Musique de nôtre Chambre; Nous avons audit Sieur Lully permis & accordé, permettons & accordons par ces presentes signées de nostre main, d'établir une Academie Royale de Musique dans nostre bonne Ville de Paris, qui sera composée de tel nombre & qualité de personnes qu'il avisera bon estre, que nous choisiront & arresterons sur le rapport qu'il Nous en fera, pour faire des Representations devant Nous quand il nous plaira, des pieces de Musique qui seront composées, tant en Vers François, qu'autres Langues étrangeres, pareilles & semblables aux Academies d'Italie, Pour en joüir sa vie durant, & aprés luy, celuy de ses enfans qui sera pourveu & receu en survivance de ladite Charge de Sur-Intendant de la Musique de nostre Chambre, avec pouvoir d'aſſocier avec luy qui bon luy ſemblera pour l'établiſſement de ladite Academie; Et pour le dédommager des grands frais qu'il conviendra faire pour leſdites repreſentations, tant à cauſe des Theatres, Machines, Decorations, Habits, qu'autres choſes neceſſaires, Nous luy permettons de donner au public toutes les pieces qu'il aura compoſées, meſme celles qui auront eſté repreſentées devant Nous, ſans neantmoins qu'il puiſſe ſe ſervir pour l'execution deſdites Pieces, des Muſiciens qui ſont à nos gages: Comme auſſi de prendre telle ſomme qu'il jugera à propos, & d'établir des Gardes & autres gens neceſſaires aux portes des lieux où ſe feront leſdites Repreſentations: Faiſant tres-expreſſes inhibitions & deffences à toutes perſonnes de quelque qualité & condition qu'elles ſoient, meſme aux Officiers de noſtre Maiſon, d'y entrer ſans payer: Comme auſſi de faire chanter aucune Piece entiere en Muſique, ſoit en Vers François, ou autres Langues, ſans la permiſſion par écrit dudit Sieur Lully, à peine de dix mille livres d'amende, & de confiſcation des Theatres, Machines, Decorations, Habits, & autres choſes, applicables un tiers à Nous, un tiers à l'Hoſpital General, & l'autre tiers audit Sieur Lully, Lequel pourra auſſi établir des Eſcoles particulieres de Muſique en noſtre bonne Ville de Paris, & par tout où il jugera neceſſaire pour le bien & l'avantage de ladite Academie Royale. Et d'autant que Nous érigeons ſur le pied de celles des Academies d'Italie, où les Gentils-hommes chantent publiquement en Muſique ſans déroger; VOULONS ET NOUS PLAIST, que tous Gentils-hommes & Damoiſelles puiſſent chanter auſdites Pieces & Repreſentations de noſtre

Academie Royale, ſans que pour ce ils ſoient cenſez déroger audit Titre de Nobleſſe, & à leurs Privileges, Charges, Droits & immunitez : Revoquons, caſſons, & annullons par ceſdites Preſentes, toutes Permiſſions & Privileges que Nous pourrions avoir cy-devant données & accordées, meſme celuy dudit Perrin, pour raiſon deſdites Pieces de Theatre en Muſique, ſous quelques noms, qualitez, conditions & pretextes que ce puiſſe eſtre. SI DONNONS EN MANDEMENT à nos amez & feaux Conſeillers, les Gens tenans noſtre Cour de Parlement à Paris, & autres nos Juſticiers & Officiers qu'il appartiendra ; Que ces Preſentes ils ayent à faire lire, publier & enregiſtrer, & du contenu en icelles faire joüir & uſer ledit Expoſant pleinement & paiſiblement, ceſſant & faiſant ceſſer tous troubles & empéchemens au contraire : CAR tel eſt noſtre plaiſir : Et afin que ce ſoit choſe ferme & ſtable à toûjours, Nous avons fait mettre noſtre Scel à ceſdites Preſentes. DONNE' à Verſailles au mois de Mars l'an de grace mil ſix cent ſoixante-douze : Et de noſtre Regne le vingt-neufiéme. Signé, LOUIS. Et à coſté, *Viſa*, DALIGRE : Et plus bas, Par le Roy, COLBERT. Et encore eſt écrit.

R*Egiſtrées, oüy le Procureur General du Roy, pour eſtre executées, & joüir par l'Impetrant de l'effet & contenu en icelles ſelon leur forme & teneur, ſuivant l'Arreſt de ce jour. A Paris en Parlement le vingt-ſeptiéme Juin mil ſix cent ſoixante-douze.* Signé, ROBERT.

PRIVILEGE DU ROY.

LOUIS PAR LA GRACE DE DIEU ROY DE FRANCE ET DE NAVARRE : A nos amez & feaux Conſeillers les Gens tenans nos Cours de Parlement, Maiſtres des Requeſtes ordinaires de noſtre Hoſtel & du Palais, Baillifs, Senéchaux, leurs Prevoſts & Lieutenans, & tous autres nos Juſticiers & Officiers qu'il appartiendra ; SALUT. Noſtre bien-amé Jean Baptiſte Lully Sur-Intendant de la Muſique de noſtre Chambre, Nous a fait remonſtrer que les Airs de Muſique qu'il a cy-devant composez, ceux qu'il compoſe journellement par nos ordres, & ceux qu'il ſera obligé de compoſer à l'avenir pour les Pieces qui ſeront repreſentées par l'Academie Royale de Muſique, laquelle Nous luy avons permis d'établir en noſtre bonne Ville de Paris, & autres lieux de noſtre Royaume où bon luy ſemblera, étant purement de ſon invention, & de telle qualité que le moindre changement ou obmiſſion leur fait perdre leur grace naturelle ; de ſorte que comme ſon eſprit ſeul les produit pour les appliquer aux ſujets qu'il y trouve proportionnez, nul autre ne peut ſi bien que luy rendre leſdits Ouvrages publics dans leur perfection, & avec l'exactitude qui leur eſt deuë. Et d'ailleurs, il eſt juſte que ſi leur impreſſion doit apporter quelque avantage, il revienne plûtoſt à l'Autheur pour le recompenſer de ſon travail, & de partie des frais qu'il avance pour l'execution des Deſſeins qu'il doit faire representer par ladite Academie, qu'à de simples Copistes qui les imprimeroient sous pretexte de Permissions generales ou particulieres qu'ils peuvent avoir obtenuës par surprise ou autrement, ce qui l'oblige d'avoir recours à nos Lettres sur ce necessaires. A CES CAUSES, voulans favorablement traiter l'Exposant, Nous luy avons permis & accordé, permettons & accordons par ces Presentes, de faire imprimer par tel Libraire ou Imprimeur, en tel Volume, Marge, Caractere, & autant de fois qu'il voudra, avec Planches & Figures, tous & chacuns les Airs de Musique qui seront par luy faits; comme aussi les Vers, Paroles, Sujets, Desseins & Ouvrages sur lesquels lesdits Airs de Musique auront esté composez, sans en rien excepter, & ce pendant le temps de trente années consecutives, à commencer du jour que chacun desdits Ouvrages seront achevez d'imprimer, iceux vendre & debiter dans tout nostre Royaume, par luy ou par autre, ainsi que bon luy semblera, sans qu'aucun trouble ny empéchement luy puisse estre apporté, mesme par ceux qui pretendent avoir de Nous Privilege pour l'impression des Airs de Musique & Ballets, lesquels pour ce regard, en tant que besoin est ou seroit, Nous avons revoqué & revoquons par cesdites Presentes; Faisant tres-expresses inhibitions & deffences à tous Libraires, Imprimeurs, Colporteurs, & autres personnes de quelque qualité qu'elles soient, d'imprimer, faire imprimer, vendre & distribuer lesdites Pieces de Musique, Vers, Paroles, Desseins, Sujets, & generalement tout ce qui a esté & sera composé par ledit Lully, sous quelque pretexte que ce soit, mesme d'impression estrangere & autrement, sans son consentement ou de ses ayans caufe, fur peine de confifcation des Exemplaires contre-faits, dix mille livres d'amende, tant contre ceux qui les auront imprimez & vendus, que contre ceux qui s'en trouveront faifis, & de tous dépens, dommages & interefts; à la charge d'en mettre deux Exemplaires en noftre Biblioteque publique, un en noftre Cabinet des Livres de noftre Chafteau du Louvre, & un en celle de noftre tres-cher & feal Chevalier Garde des Sceaux de France le Sieur d'Aligre, à peine de nullité des Prefentes. Du contenu defquelles vous mandons & enjoignons faire joüir l'Expofant & fes ayans caufe, plainement & paifiblement, ceffant & faifant ceffer tous troubles & empéchemens au contraire; Voulons qu'en mettant au commencement ou à la fin defdites Lettres l'Extrait des Prefentes, elles foient tenuës deuëment fignifiées, & qu'aux copies collationnées par l'un de nos amez & feaux Secretaires, foy foit adjoûtée comme à l'Original. Mandons au premier noftre Huiffier ou Sergent, faire pour l'execution des Prefentes toutes fignifications, deffences, faifies, & autres actes requis & neceffaires, fans pour ce demander autre permiffion, nonobftant oppofitions ou appellations quelconques, dont fi aucunes interviennent Nous nous en refervons & à notre Confeil la connoiffance, & icelle interdifons & deffendons à tous autres Juges: CAR tel eft noftre plaifir. DONNE' à Verfailles le vingtiéme jour de Septembre l'an de grace mil fix cent foixante-douze, & de noftre Regne le trentiéme. Signé, LOUIS: Et plus bas, Par le Roy, COLBERT. Et fcellé du grand Sceau de cire jaune.

www.ingramcontent.com/pod-product-compliance
Lightning Source LLC
LaVergne TN
LVHW010040230826
846091LV00005B/1800